HEYNE <

CS

Dr. Eduard Estivill

So lernen alle Kinder schlafen

Die Estivill-Methode:
sanft, schnell und wirkungsvoll

Aus dem Spanischen
von Nina Valenzuela Montenegro

WILHELM HEYNE VERLAG
MÜNCHEN

HEYNE RATGEBER
08/5452

Titel der spanischen Originalausgabe
MÉTODO ESTIVILL GUÍA RÁPIDA PARA ENSEÑAR A DORMIR A LOS NIÑOS.
Erschienen 2002 by Random House Mondadori, Barcelona

Umwelthinweis:
Dieses Buch wurde auf chlor- und säurefreiem Papier gedruckt.

Deutsche Erstausgabe 07/2004

http://www.heyne.de
Printed in Germany 2004
Redaktion: Werner Wahls
Innenillustrationen: Mariangels Arbusé
Umschlagillustration: Picture Press/Raith
Umschlagkonzept und -gestaltung: Eisele Grafik-Design, München
Satz: Datentechnik, Wels
Druck und Verarbeitung: GGP Media, Pößneck

ISBN 3-453-87935-X

Meinen Freunden, den Eltern;
meinen Kollegen, den Kinderärzten;
und meinen geliebten Kindern,
die eines Tages Eltern sein werden

Inhalt

Einleitung

Vor elf Jahren begann ich, Schlafstörungen bei Kindern zu untersuchen. Seither habe ich mehr als dreitausend Kinder mit Schlafproblemen behandelt und ein Buch geschrieben, das die Eltern liebevoll »Die Methode Estivill« getauft haben. In den letzten Jahren haben Zehntausende von Kindern in mehr als zwanzig Ländern mit dieser Methode schlafen gelernt.

Nun möchte ich Ihnen eine Art Schnellkurs meiner Methode vorstellen. Er beinhaltet schlicht und einfach eine Reihe von Regeln, die zu beachteten sind, wenn Sie Ihrem Kind das Schlafen beibringen wollen. Sie basieren auf den Erkenntnissen meiner jahrelangen wissenschaftlichen Forschungen. Dennoch ist diese Methode keinesfalls als Dogma zu verstehen.

Einem Kind schlafen beizubringen, ist keine leichte Übung, wie alle Eltern bezeugen können. Im Gegenteil, es ist eine sehr schwierige Aufgabe. Aber sie ist zu lösen, auch wenn übermüdete Eltern überall auf der Welt es immer wieder bezweifeln.

Meine klinische Erfahrung – meine dreitausend kleinen Patienten – und die Berichte von Eltern und Kinderärzten, die meine Methode in die Praxis umgesetzt haben, erlauben die Aussage, dass die Methode in mehr als

96 Prozent der Fälle erfolgreich ist. Allerdings nur, wenn man die Regeln in diesem Buch streng umsetzt. Ich sage bewusst STRENG. Das heißt nicht unerbittlich, sondern konsequent. Das heißt, MAN DARF NICHTS AUSLASSEN.

1 Mein Kind schläft nicht richtig

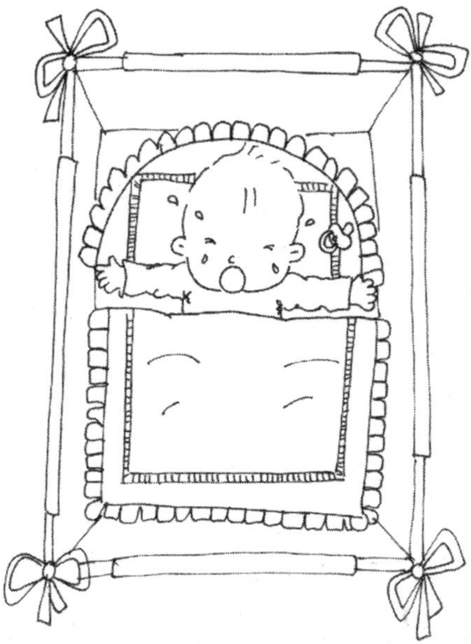

Einige Ratschläge vorweg

Bevor Sie anfangen, sollten Sie folgende Empfehlungen aufmerksam durchlesen:

① Sie müssen *sehr überzeugt* sein, bevor Sie mit der Anwendung der Methode beginnen. Und das gilt für alle Beteiligten! Ob Eltern, Babysitter oder Großeltern, alle, die die Behandlungsmethode anwenden, müssen die Regeln *von Anfang bis Ende* kennen, damit alle gleich reagieren angesichts der verschiedenen Situationen, mit denen das Kind sie konfrontieren wird. Und seien Sie sich sicher: sie werden zahlreich und schwierig sein. Daher müssen alle nach den gleichen Richtlinien handeln. Nur so lässt es sich vermeiden, das Kind zu verwirren. Ansonsten ist der Misserfolg vorprogrammiert.

② Stellen Sie sicher, dass das Kind kein akutes gesundheitliches Problem hat. Man muss jede Art von Krankheit ausschließen.

③ Jedes Kind ist anders und hat – glücklicherweise – eine eigene Persönlichkeit. Es ist möglich, dass einige langsamer lernen als andere. Es gibt Kinder, die von Natur aus folgsam sind, während andere einen trotzigeren

Charakter haben. Es gibt ruhigere und sehr aktive Kinder. Aber welche Eigenschaften Ihr Kind auch haben mag, in keinem Fall können sie als Rechtfertigung dafür dienen, dass Ihr Kind nicht richtig schläft. Einem Kind das Schlafen beizubringen bedeutet einfach, es zu lehren, eine Gewohnheit auszuführen. Man lernt schlafen genauso wie essen, lesen oder auf die Toilette zu gehen. Es gibt Kinder, die kaum stillsitzen können und bei denen es nur schwer vorstellbar ist, dass sie ruhig auf ihrem Stühlchen sitzen

ALLE, DIE DAS KIND BETREUEN, MÜSSEN IN DIE BEHANDLUNG MIT EINBEZOGEN WERDEN UND DIE TECHNIK, DEM KIND EINE GEWOHNHEIT BEIZUBRINGEN, BEHERRSCHEN.

und einem Märchen lauschen. Aber auch sie lernen lesen, und zwar genauso gut wie die allerruhigsten. Alle schaffen es, früher oder später. Genauso wird es, wenn Sie es ihm richtig beibringen, auch schlafen lernen.

④ Es hängt also von Ihnen ab, ob Ihr Kind gut schläft. Sie und alle, die das Kind betreuen, sind seine Lehrer, die Einzigen, die Ihrem Kind das Schlafen beibringen können. Es kann es nicht allein lernen. Die Methode Estivill gibt Ihnen dafür das notwendige Rüstzeug an die Hand: In erster Linie erklärt sie Ihnen, was eine Schlafgewohnheit ist und wie Sie Ihrem Kind diese Gewohnheit beibringen können.

Ich kann mir gut vorstellen, wie Sie sich in diesem Moment mit einem Kind, das nicht schläft, fühlen. Das Gefühl der Ohnmacht ist fürchterlich, es scheint Ihnen so, als seien Sie die schlechtesten und ungeschicktesten Eltern der Welt, die alles nur noch schlimmer machen und denen es nie wieder gelingen wird, acht Stunden am Stück zu schlafen. Nichts davon ist wahr. Sie sind die besten Eltern der Welt, es gilt nur, ein bisschen Ordnung in die Art, wie Sie Ihrem Kind das Schlafen lehren, zu bringen. *Es gibt keinen Grund, sich schuldig zu fühlen.* Absolut nicht. Sie tun höchstens Dinge, die nichts dazu beitragen, dass Ihr Kind schlafen lernt. Sie tun dies in der besten Absicht, aber es erweist sich als unnütz und gelegentlich sogar kontraproduktiv. Doch Tatsache ist: *Niemand hat Ihnen je erklärt, wie ein Kind schlafen lernt.* Daher trifft Sie keine Schuld. Der Vorwurf, »die jungen bzw. Erstlingseltern würden sich nicht richtig um ihr Kind kümmern«, ist völlig falsch. Es fehlt ihnen nur jemand, der sie darüber informiert, wie man einem Kind das Schlafen beibringt.

- Wenn Ihr Kind nicht richtig schläft, ist es nicht Ihre Schuld.
- Es hat Ihnen einfach noch niemand erklärt, wie es geht.
- Sie sind erst dafür verantwortlich, wenn Sie die Methode kennen gelernt haben und sie nicht richtig anwenden.

⑤ Nach so vielen Nächten der Schlaflosigkeit fühlen Sie sich sicher ausgelaugt, reizbar und ziemlich nervös. Aber nicht nur Sie leiden unter den Folgen der Schlaflosigkeit. Auch Ihr Kind tut es. Der Schlaf ist eine sehr wichtige Zeitspanne in unserem Leben und für einen guten Tagesablauf unabdingbar. Daher leiden Kinder mit Schlafstörungen während des Tages unter

Beeinträchtigungen: Sie sind reizbarer und schlecht gelaunt, abhängiger von ihren Bezugspersonen und weinen grundlos. Viele Eltern, die mithilfe unserer Methode erreicht haben, dass ihr Kind gut schläft, bestätigen das: »Es hat sogar seinen Charakter verändert. Es ist ruhiger, spielt auch einige Zeit allein, ist gut gelaunt und sogar netter geworden.« Jedoch stimmt dies nicht. Das Kind war schon von Geburt an »nett«: Das einzige Problem war, dass der Schlafmangel es misslaunig und reizbar gemacht hat.

Warum ist es wichtig, dass unser Kind gut schläft?

Aus einem einfachen Grund: weil keiner ohne Schlaf leben kann, nicht einmal Fische oder Fledermäuse. Während des Schlafs stellt der Körper all das her, was er am nächsten Tag verbraucht. Und wenn ein Kind nicht genügend Ruhe hat, wird es reizbar, nervös und müde.

Es gibt noch einen anderen, ebenso einleuchtenden Grund: Ihre geistige – und auch emotionale – Gesundheit wird schließlich nachlassen, wenn Sie noch mehr schlaflose Nächte verbringen und sich wie ein Zombie durch den Arbeitstag schleppen.

Folgen von Schlafstörungen

Säuglinge und Kleinkinder

Reizbar, schlechte Laune

Häufiges Weinen

Abhängig von Bezugspersonen; nicht allein sein können

Schulkinder

Schulischer Misserfolg

Unsicherheit und Schüchternheit

Schlechte Laune

Eltern

Müdigkeit

Unsicherheit

Schuldgefühle

Schuldzuweisungen an den jeweiligen Partner

Radikale Veränderungen innerhalb der Beziehung

Frustration angesichts der Situation

Gefühl von Misserfolg und Ohnmacht

Aggressive Reaktionen

Warum schläft das Kind immer noch nicht richtig?

Bevor ich Ihnen erkläre, wieso ein gesunder Schlaf eine erlernbare Gewohnheit ist, deren richtige Umsetzung Ihr Kind von Ihnen lernen kann, betrachten wir den Schlaf einmal genauer. Beginnen wir mit dem so genannten biologischen Rhythmus.

Biologischer Rhythmus

Die systematische Wiederholung einer bestimmten Aktivität unseres Organismus (zum Beispiel: schlafen – wachen; schlafen – wachen) nennen wir biologischen Rhythmus.

Bei Neugeborenen: Nach der Geburt hat ein Baby einen biologischen Rhythmus, der zwischen drei und vier Stunden schwankt. Das heißt, dass es alle drei oder vier Stunden eine Reihe von Aktivitäten ausübt – es wacht auf, wird gewickelt, trinkt und schläft –, die einen Zyklus bilden. Ist besagter Zyklus vollendet, beginnt ein neuer, identischer – es wacht wieder auf, wird erneut gewickelt, trinkt und schläft. Diese Art von Zyklus nennt man »ultradian«.

Bei Erwachsenen: Der biologische Rhythmus beim Erwachsenen ist »circadian«. (von lat. circa, »ringsum«, und dies, »Tag«). Das heißt, alle 24 Stunden wiederholen wir im Wechsel die Muster von Wachen und Schlafen.

SCHLAF DES NEUGEBORENEN BIS ZUM 1. LEBENSMONAT

BIOLOGISCHER RHYTHMUS: SYSTEMATISCHE WIEDERHOLUNG EINER BESTIMMTEN AKTIVITÄT UNSERES ORGANISMUS, Z. B. SCHLAFEN – WACHEN, SCHLAFEN – WACHEN.

ULTRADIANER RHYTHMUS VON 3 BIS 4 STUNDEN

Wann verändert sich der biologische Rhythmus?

Ab dem 3. oder 4. Lebensmonat beginnen die Kinder ihren biologischen Rhythmus nach und nach zu erweitern. Um von den drei bis vier Stunden des ultradianen Zyklus auf die 24 Stunden des Erwachsenen zu kommen, verlängern die Babies zunächst die erste Schlafphase der Nacht auf sechs Stunden am Stück; was ein Segen für die Eltern ist.

Bei Vollendung des 6. Lebensmonats sollte dieser nächtliche Schlaf bereits zwölf Stunden ohne Unterbrechung erreichen. Dieser Ruhephase wären noch drei bis vier kleine Nickerchen während des Tages hinzuzufügen (eines

DER SCHLAF VOM 1. BIS ZUM 4. MONAT

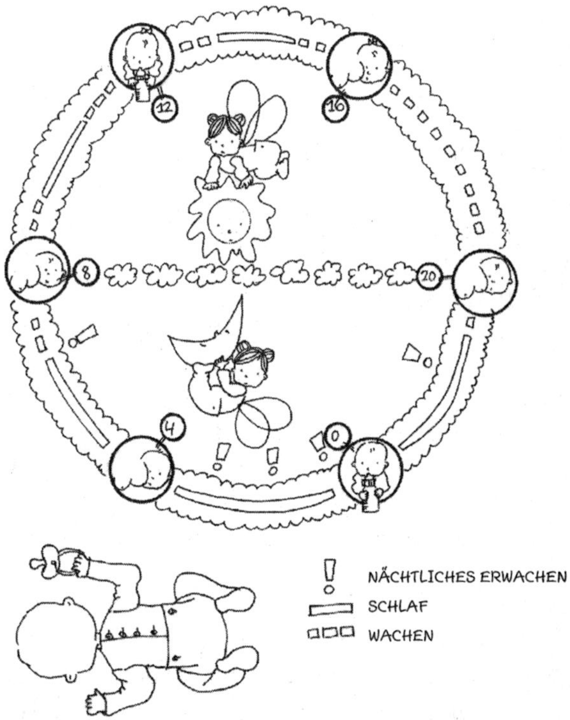

nach dem Frühstück etwa um 9 Uhr, dann nach dem Füttern zwischen 12 und 13 Uhr, noch einmal nach dem Füttern zwischen 15 und 16 Uhr und ein letztes Mal, bei Bedarf und kürzer, nach dem Füttern am Nachmittag).

DER SCHLAF AB DEM 6. MONAT

CIRCADIANER RHYTHMUS VON 24 STUNDEN

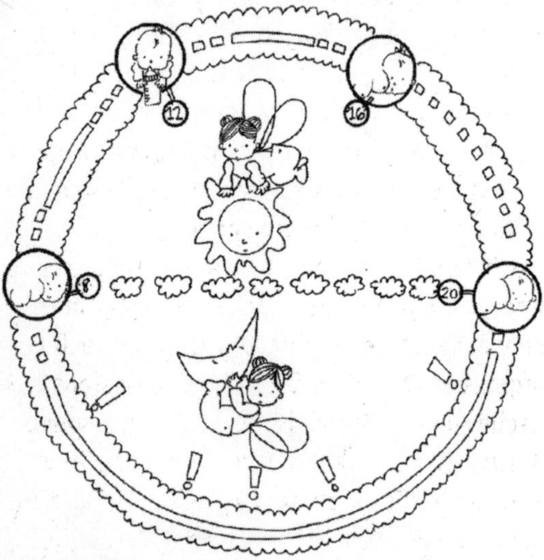

NÄCHTLICHES ERWACHEN

SCHLAF

WACHEN

Wie vollzieht sich der Wandel?

Der Wandel vollzieht sich dank einer Ansammlung von Zellen im menschlichen Gehirn, die wie eine Uhr funktionieren. Das Ziel dieser »Uhr« ist es, dass sich alle Bedürfnisse des Menschen dem Rhythmus der Sonne unterwerfen. Aber diese Uhr muss »aufgezogen« werden. 70 Prozent der Neugeborenen gelingt es, sie mit Hilfe von wenigen gewohnheitsmäßigen Abläufen, einigen einfachen Reizen »in Gang zu setzen« (das Kind hochnehmen, es in sein Bettchen legen, ihm gute Nacht sagen, es ein wenig wiegen oder ihm etwas vorsingen). Diese Kinder schlafen mit sechs Monaten schon wunderbar und die Eltern können sich beglückwünschen.

Dennoch handelt es sich nicht um ein Glücksspiel. Die restlichen 30 Prozent der Kinder können ebenso gut schlafen wie die anderen. Ihre Uhr muss einfach nur besser »aufgezogen« werden. Sie haben keinesfalls ein psychologisches oder medizinisches Problem, sondern nur eine Störung ihres Schlaf-wach-Rhythmus. Ihre Uhr ist ein wenig anarchisch. Diese kleine Verwirrung ist sehr leicht zu beheben, aber wir müssen dies möglichst früh tun, denn je älter das Kind wird, desto schwieriger ist es.

Wie wird die Uhr »aufgezogen«?

Wir können die Uhr des Babys mit Hilfe von folgenden äußeren Reizen in Gang setzen:

① *Indem wir den Gegensatz verstärken zwischen*

a) Licht (Tag) und Dunkelheit (Nacht),
b) Lärm (Tag) und Stille (Nacht).

In diesem Sinn werden wir die Vorstellung stärken, dass Licht und Lärm zum Tag und zum Wachzustand gehören, während die Dunkelheit und die Ruhe mit der Nacht und dem Schlaf assoziiert bleiben. Wie werden tagsüber keine künstlich ruhige Atmosphäre schaffen und, während das Kind schläft, auf Zehenspitzen im Haus herumschleichen oder alle Jalousien herunterlassen. Im Gegenteil, wir verhalten uns ganz normal.

② *Indem wir die Nahrung als Hilfsmittel benutzen*, denn das Füttern kündigt die Tätigkeit an, die daraufhin folgt: den Schlaf (ob nun Mittagsschläfchen oder die lange Schlafphase in der Nacht).

③ *Indem wir ihm gesunde Schlafgewohnheiten beibringen.* Mit anderen Worten, indem wir ihm zeigen, wie es selbstständig einzuschlafen lernt, ohne dass ihm jemand hilft.

Symptome kindlicher Schlafstörung

Wenn es dem Kind nicht gelingt, seinen biologischen Rhythmus zu verändern und richtig zu schlafen, wird es unter Schlafstörung (Insomnie) aufgrund falscher Schlafgewohnheiten leiden. Deren Symptome sind:

- Das Kind hat Schwierigkeiten allein einzuschlafen.
- Es wacht häufig nachts auf.
- Es hat einen leichten Schlaf (jedes Geräusch hindert das Kind am Schlafen).
- Es schläft weniger als für sein Alter angemessen.

Wenn Ihr Kind unter diesen Symptomen leidet, brauchen Sie sich keine Sorgen zu machen, denn das Kind ist aus psychologischer und physiologischer Sicht vollkommen gesund. Allerdings hat es nicht richtig schlafen gelernt. Sie sind jetzt dabei, das zu ändern.

ZUSAMMENFASSUNG

Mein Kind schläft nicht richtig:
Die Physiologie des Schlafes und die biologische Uhr

- Neugeborene haben einen ultradianen biologischen Rhythmus, der zwischen drei und vier Stunden schwankt. Während dieser Periode erwachen sie, sie werden gewickelt, sie trinken und schlafen; diese Abfolge wird ständig wiederholt.

- Um den 6. Monat passen sich die Babies einem circadianen Rhythmus an, der dem der Erwachsenen entspricht. Das heißt, die systematische Wiederholung der Aktivitäten müsste alle 24 Stunden wechseln. So sollten sie in der Nacht zwischen elf und zwölf Stunden ohne Unterbrechung durchschlafen (zusätzlich zu den Nickerchen nach Bedarf).

- 70 Prozent der Kinder ändern den Zyklus ohne Schwierigkeiten.

- Der Rest der Kinder benötigt kleine Anreize, die ihnen helfen, die Uhr »aufzuziehen«. Die Wichtigsten sind:
  - Den Kontrast verstärken zwischen
    - Licht (Tag) und Dunkelheit (Nacht),
    - Lärm (Tag) und Stille (Nacht).
  - Die Nahrungsaufnahme als Hilfsmittel nehmen, um die Schlafenszeit anzukündigen.
  - SCHLAFGEWOHNHEIT ENTWICKELN. Das heißt, dem Kind zeigen, wie es selbstständig einschlafen kann.

2

Schlafgewohnheit erlernen

Jeder hat schon einmal davon geträumt, die Kindheit noch einmal zu erleben, jenen verklärten Lebensabschnitt, als man weder um acht Uhr morgens stempeln noch an Nachbarschaftsversammlungen teilnehmen musste, um über die Dachrinnen am Hausdach zu sprechen. Während der ersten Lebenszeit war unsere einzige Verpflichtung, zwei Grundbedürfnisse zu stillen, nämlich zu essen und zu schlafen, und selbst das war gar nicht so einfach, wenigstens nicht am Anfang. Wir alle mussten selbst diese ›einfachen‹ Tätigkeiten erst lernen.

Wenn uns keiner den Umgang mit Messer und Gabel beigebracht hätte, würden wir vielleicht heute noch die Kinderrassel benutzen, um die Soße der Fleischklößchen aufzulöffeln.

Und vielleicht wären wir nie auf den Gedanken gekommen, dass eine ausgewogene Ernährung nicht ausschließlich auf Schokopralinen basieren kann.

Daraus können wir schließen:

① Essen und gut essen ist nicht das Gleiche. Und genauso ist auch schlafen und gut schlafen nicht das Gleiche. In diesem Sinn ist es zwar klar, dass Ihr Kind ein paar Stunden pro Tag schläft; niemand kann leben, ohne dies zu tun. Aber eine andere Frage ist, ob es auch gut und für sein Alter ausreichend schläft.

Wie können Sie dies herausfinden? Ganz einfach, wenn Sie die folgenden Fragen mit »ja« beantworten können.

- Es legt sich gern hin, ohne zu weinen.
- Es schläft selbstständig ein.
- Es schläft in seinem Bettchen, auch wenn das Licht aus ist.
- Es schläft zwischen elf und zwölf Stunden ohne Unterbrechung durch (auch wenn einige Kinder möglicherweise etwas weniger Schlaf brauchen, ist das der Durchschnitt).

② Schlafen lernt man wie das Essen. Es ist eine Gewohnheit und als solche muss sie erlernt werden.

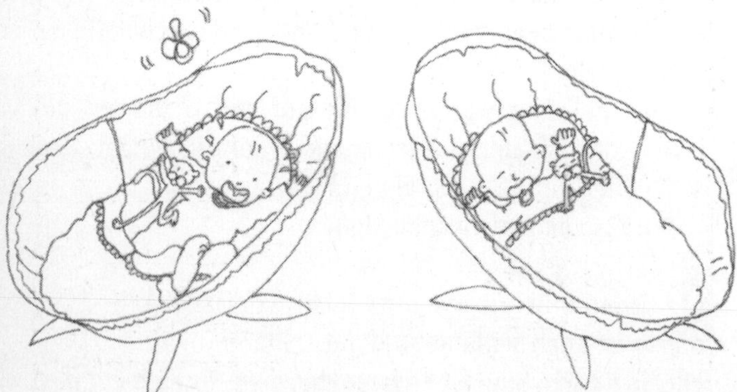

Wie entsteht eine Gewohnheit?

Jetzt, wo wir verstanden haben, dass Schlafen eine Gewohnheit und als solche erlernbar ist, werden wir das Essen als Beispiel benutzen, um zu verstehen, wie eine Gewohnheit einem Kind beigebracht werden kann:

EINE GEWOHNHEIT WIRD ENTWICKELT, INDEM DIE VERBINDUNG VON EINIGEN ÄUSSEREN ELEMENTEN WIEDERHOLT WIRD SOWIE DURCH DIE HALTUNG DER ELTERN.

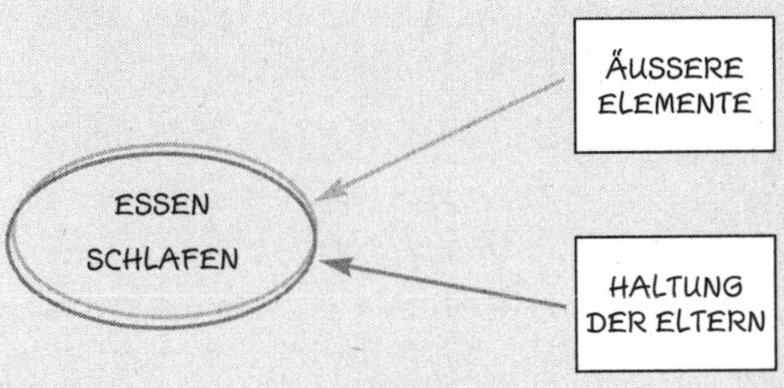

① Indem wir einige *äußere Elemente* mit der besagten Gewohnheit verbinden:

Wenn die Essenszeit kommt, führen die Eltern immer dieselben Handlungen und Vorbereitungen aus, als ob es sich um ein Ritual handeln würde. Auf natürliche Art und Weise nehmen sie das Kind, setzen es in sein Stühlchen, binden ihm das Lätzchen um, nehmen eine Schüssel und einen Löffel. Diese Elemente (Stühlchen, Lätzchen, Schüssel, Löffel) bleiben immer bei dem Kind während der Zeit, in der es seinen Brei bekommt, d. h. seine Gewohnheit ausführt.

Niemand kommt auf den Gedanken, eines dieser Elemente wegzunehmen, bevor das Ritual beendet ist (wenn der Brei erst halb aufgegessen ist, nimmt man dem Kind nicht den Löffel weg und sagt, es solle den Rest mit den Fingern auslöffeln).

Die Wiederholung dieser Verbindung von äußeren Elementen mit einer Gewohnheit (essen) gibt dem Kind Sicherheit. Nach einiger Zeit kennt es den ganzen Ablauf so gut, dass es nur die Schüssel zu Gesicht zu bekommen braucht, um fröhlich die Ärmchen zu heben, weil es weiß, dass die Zeit für den Brei gekommen ist.

② Indem wir *eine sichere und zuversichtliche Haltung* an den Tag legen. Man muss sich vor Augen halten, dass die Kinder immer das aufnehmen, was die Erwachsenen vermitteln. Ein Baby traumatisiert sich nicht allein. Es gibt immer etwas oder jemanden, der das Trauma auslöst.

Von den ersten Lebenstagen an interpretiert ein Kind das, was die Erwachsenen ihm vermitteln, durch den Ton, in dem es vermittelt wird. Es muss nicht den Sinn der Worte begreifen, um zu wissen, ob seine Eltern verärgert oder fröhlich sind.

Daher wird es ihm egal sein, ob man es »Dickerchen« oder »Rotznase« nennt, wenn der Ton nur freundlich klingt, während es bei den Worten »Wie hübsch du bist, mein Kleiner!« erschrecken wird, wenn die Stimme, die dies ausspricht, an den Exorzisten erinnert.

Auf die gleiche Weise ist das Kind in der Lage wahrzunehmen, ob sich seine Eltern bei der Ausführung einer Handlung sicher fühlen oder nicht. Wenn die Erwachsenen Zweifel zeigen, wird es auch Zweifel empfinden und sich unsicher fühlen, wenn es die Handlung ausführen soll.

Wenn die Eltern ihren Sprösslingen beibringen, ihren ersten Brei zu essen, strahlen sie Zuversicht und Ruhe aus. Und die Kinder verstehen dies. Sie sehen, dass ihre Eltern nicht den geringsten Zweifel haben in Bezug auf die Art und Weise, wie sie ihren Brei zu sich nehmen sollen. Sie zeigen nicht den Hauch einer Unsicherheit. Sie machen es immer auf die gleiche Weise, weil sie davon überzeugt sind, dass sie richtig ist. Selbst den berühmtesten Kinderarzt würden sie ignorieren, wenn dieser im Fernsehen verkünden würde, dass es vorteilhaft wäre, wenn die Kinder ihre Breigläschen mit dem Strohhalm und auf dem Boden liegend zu sich nähmen.

Äussere Elemente, die sich mit einer Gewohnheit verbinden

- Äußere Elemente, die mit Essen assoziiert werden: Teller, Glas, Löffel, Lätzchen ...
- Wir belassen die äußeren Elemente die ganze Zeit über, in der die Gewohnheit ausgeführt wird.
- Wenn die Gewohnheit beendet ist, werden alle Elemente, die damit zu tun haben, entfernt.

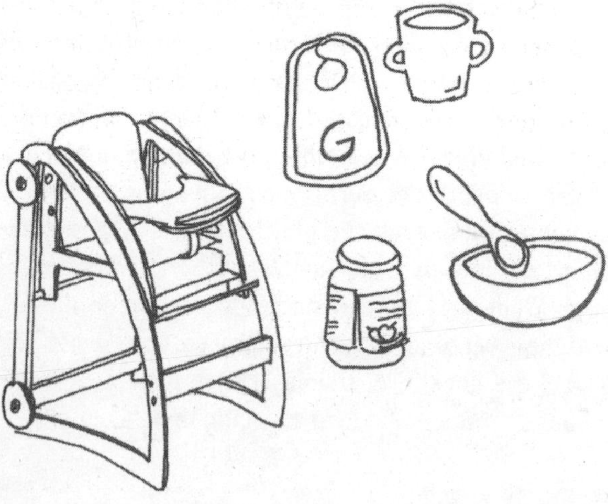

Die Eltern erlauben nicht, dass ihre Kinder auf eine andere Art essen, als sie ihnen zeigen. Wenn das Kind die Hand in den Teller legt oder den Orangensaft ausspuckt, erklären ihm die Erwachsenen, dass dies falsch ist. Und außerdem zeigen sie ihm, wie es richtig ist, genauso wie sie ihm erklären, dass man Suppe oder Joghurt mit dem Löffel isst. Und niemandem würde es einfallen zu behaupten, ein Kind würde traumatisiert, weil man es »zwingt«, den Joghurt mit einem Löffel zu essen, und zwar unter anderem deshalb, weil die Erwachsenen ihre Erklärungen in einem gelassenen und natürlichen Tonfall abgeben, nicht als ob es sich um eine Strafe handelte. Niemand wird dem Kind sagen: »Und zur Strafe musst du die Suppe mit dem Löffel essen.« Und weil wir ihm nicht das Gefühl vermitteln, bestraft zu werden, wird es diese Tatsache auch niemals als traumatisch erleben.

Beim Schlafen hingegen läuft nicht das gleiche Muster ab. Sicher haben Sie auch schon gelegentlich einen Satz gesagt wie: »Wenn du dich nicht benimmst, musst du ins Bett.« Eltern bestrafen ihre Kinder nämlich häufig damit, dass sie ins Bett oder schlafen gehen müssen. Damit be-

- Das Kind nimmt auf, was der Erwachsene ihm mit Tonfall und Gestik vermittelt.
- Ein Kind traumatisiert sich niemals allein, der Erwachsene vermittelt ihm das Trauma.

wirken sie jedoch, dass das Kind »Bett« mit Strafe assoziiert, folglich mit etwas Negativem, das bis hin zum Traumatischen gehen kann.

Was würde passieren, wenn wir Zweifel hätten?

Nehmen wir einen Moment lang an, dass die Eltern nicht so genau wüssten, dass man ein Kind, damit es richtig

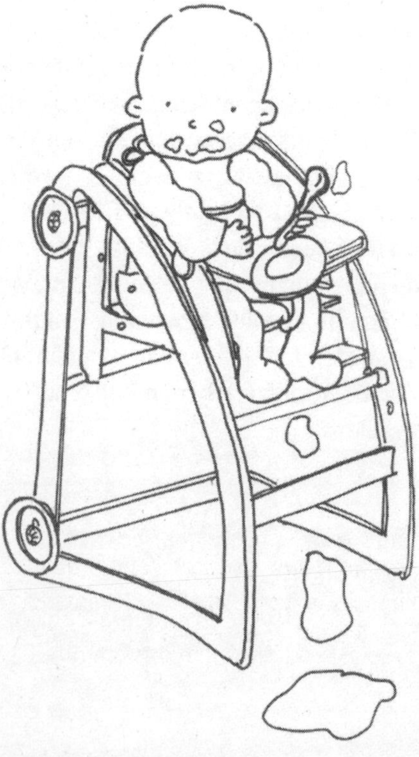

isst, in ein Stühlchen setzen, ihm ein Lätzchen umbinden und eine Schüssel und einen Löffel zu Hilfe nehmen muss. Stellen wir uns vor, dass sie eines Tages das Lätzchen gegen einen Seidenschal und die Schüssel gegen einen Motorradhelm austauschen; und statt das Kind in sein Stühlchen zu setzen, »hängen« sie es lieber in den Basketballkorb im Garten, während sie versuchen, mit Löffelchen voll Brei vom Esszimmerfenster aus in den Korb zu treffen. Absurd, nicht? Und jetzt denken Sie daran, wozu Sie bereit sind, wenn Ihr Kind mitten in der Nacht zu plärren anfängt. Kopfstand machen, im Raum herumtanzen, mit allen Plüschtieren spielen, die das Zimmer hergibt, das Kind zu hypnotisieren versuchen, indem Sie mit der Hängelampe vor seinem Gesichtchen hin- und herwedeln, und und und ...

Und was muss dieses arme Geschöpf denken? Wahrscheinlich wünscht es sich groß zu werden und sprechen zu lernen, um Sie bei der Polizei wegen Kindesmisshandlung anzeigen zu können. Aber im Ernst, mit so viel Zweifel und Inkonsequenz vermitteln Sie ihrem Kind Unsicherheit. Das Kind merkt, dass Sie sich überfordert fühlen, nicht wissen, was Sie tun sollen und planlos handeln. Außerdem werden Sie nach kurzer Zeit schlecht gelaunt und frustriert sein. Daher ist es vollkommen unmöglich, dass das Kind sich sicher fühlt und eine Schlafgewohnheit erlernt. Es wird ihm nicht gelingen, es sei denn, Sie vermitteln ihm die notwendige Sicherheit, sodass es versteht, dass allein in seinem Bettchen einzuschlafen etwas sehr Einfaches ist und keine Zirkusnummer.

Wie verständigt sich ein Kind?

Ein Kind ist ein intelligentes, aufgewecktes Wesen. Vom Moment seiner Geburt an beobachtet es seine Eltern aufmerksam, es weiß, wie es handeln muss, um zu erreichen, dass sie auf seine Wünsche und Bedürfnisse eingehen. Das heißt, es weiß sehr gut, dass jede Art von *Aktion* seinerseits eine *Reaktion* seiner Eltern hervorruft. Im dem Maße, wie das Baby wächst, nimmt auch seine Fähigkeit zu, sich den Erwachsenen mitzuteilen.

Wie verständigt man sich mit einem Kind?

- Mittels des Prinzips von Aktion und Reaktion.
- Der Erwachsene muss eine Aktion, die nicht angemessen ist, ignorieren.
- Der Erwachsene muss eine Aktion, die angemessen ist, fördern.

6 – 18 Monate (wenn das Kind zu sprechen anfängt): Seine Art sich mitzuteilen besteht in dieser Zeit darin, eine Aktion auszuführen, die eine Reaktion beim Erwachsenen hervorruft. In diesem Sinn kann es:

- Lächeln, Bubu sagen, Händchen klatschen: mit diesen drolligen Spielchen erreicht es, dass seine Eltern gerührt sind und sich vor Stolz aufblähen wie Ochsenfrösche. Jedoch beim zwanzigsten Bubu scheinen die Eltern ihm nicht mehr zuzuhören.
- Weinen, schreien, erbrechen, sich selbst Schläge zufügen: mit diesem effektvollen Repertoire ziehen sie die gesamte Aufmerksamkeit ihrer Eltern auf sich, die herbeieilen, um bei ihnen zu sein und sie zu hätscheln. In Wirklichkeit fehlt ihnen gar nichts, sie wollen nur Aufmerksamkeit und nicht allein sein.

Daher wird das Kind, wenn es nicht allein einschlafen kann und sich unsicher fühlt, versuchen, seine Eltern herbeizuholen. Aber da es gemerkt hat, dass es niemanden mehr kümmert, wenn es Bubu sagt, wird es schlagkräftigere Argumente ausprobieren, und Sie brauchen deshalb nicht zu erschrecken. Für ein Kind ist es ein Leichtes, zu erbrechen, und auch wenn es sich selbst schlägt – etwas, was im Grunde genommen Anlass zur Beunruhigung ist, und das mit Recht –, wird es ihm nicht gelingen, sich selbst zu verletzen. Es wird diese Handlungsweise aufgeben, sobald es versteht, dass Sie ihr keinerlei Bedeutung zumessen.

18 Monate – 5 Jahre: In diesem Alter gewinnen die Kinder eine neue Waffe: die Sprache. Jedoch benutzen sie sie anders, als wir Erwachsene es tun. Für ein Kind von drei Jahren ist das Wort nur eine mögliche Handlungsweise mehr. Sie lernen, dass, wenn sie bestimmte Worte aussprechen, ihre Eltern sofort reagieren. Nach vielen Versuchen wissen sie, dass:

- ein »Mama, Coca-Cola« um zwei Uhr nachts nicht die geringste Beachtung gewinnt.
- ein »Papa, Durst«, 20-mal um zwei Uhr nachts wiederholt, erreicht, dass der Papa beim 21. Mal aufsteht. Und das Kind wird, auch wenn es unmöglich Durst haben kann, das Glas Wasser trinken, das man ihm gibt. Es wird es allein deshalb tun, damit man denkt: »Er hatte wirklich Durst, der arme Kleine.« Auf diese Weise wird man ihm auch am nächsten Tag Beachtung schenken, wenn es dieses Mittel wieder einsetzt.
- ein »Mama, Bauch, Aua-aua« unfehlbar ist. Es erreicht, dass jede Mutter zu ihrem Kleinen stürzt, um sicherzugehen, dass es ihm gut geht.

Schlussfolgerung: Was macht folglich ein Kind, wenn es will, dass seine Eltern herbeieilen? Es wird die beunruhigendsten und effektivsten Worte benutzen, auch wenn es keinen Grund dazu gibt und es bisweilen nicht einmal weiß, was sie genau bedeuten.

Unangemessene Aktionen des Kindes beim Zubettgehen

- 6 – 18 Monate: weinen, schreien, erbrechen, sich selbst schlagen …
- ab 18 Monaten (das Kind spricht bereits): Ich muss Pipi, ich habe Durst, erzähl mir eine Geschichte, ich habe Angst …

Je früher, desto besser

Die Schreierei, das Theater und all die anderen verzweifelten Versuche, Ihre Aufmerksamkeit auf sich zu ziehen, sind »unangemessene Verhaltensweisen«. Angesichts eines solchen Verhaltens haben Sie zwei Möglichkeiten:

1. Die Aktion des Kindes ignorieren.
2. Seinem Ruf nach Aufmerksamkeit folgen.

Was wird jeweils passieren?

Nehmen wir ein einfaches Beispiel: Ihr Kind will, dass Sie ihm einen Gegenstand aus dem Zimmer geben. Seine Art, es zu verlangen, ist, darauf zu zeigen und zu schreien. Schreien ist ein unangemessenes Verhalten. Nun können Sie folgendermaßen reagieren:

- Indem Sie das Geschrei des Kindes ignorieren. Das heißt, Sie reichen ihm den Gegenstand nicht und geben ihm damit zu erkennen, dass Sie ihm kein Gehör schenken. Auf diese Weise lernt das Kind, dass man nicht nach etwas verlangt, indem man fuchsteufelswild herumbrüllt, und muss eine andere Art finden, nämlich die, die Sie ihm als angemessen zeigen.
- Indem Sie ihm den Gegenstand geben, weil seine schrillen Schreie kurz davor sind, Ihre Nerven und

sogar die Glasvitrine im Esszimmer zu sprengen. Wenn Sie auf seine Forderung so reagieren, wird das Kind glauben, dass seine Aktion normal ist und wird alle Dinge auf diese Weise verlangen. Das heißt, Sie *unterstützen* seine unangemessene Verhaltensweise.

Verhaltensweisen können angeboren oder erlernt sein. Zu weinen und zu strampeln, um etwas zu bekommen, sind angeborene Verhaltensweisen, die jedes Baby spontan ausführt, ohne dass ihm jemand dies erklärt. Es ist jedoch ein unangemessenes Verhalten.

Je nachdem, wie die Eltern auf diese ersten Verhaltensweisen reagieren, wird das Kind lernen, sie zu wiederholen oder zu verwerfen. Von diesem Moment, dieser Interaktion an wird das Weinen ein erlerntes Verhalten sein. Je öfter Sie es unterstützen, desto schwieriger wird es für Sie, es irgendwann zu ändern. Und wenn das Kind sich mit zehn Jahren immer noch so benimmt, wird es das wahrscheinlich sein ganzes Leben lang tun.

Daher ist es das Beste und Einfachste, möglichst früh damit zu beginnen, unangemessene Verhaltensweisen zu verändern. Die Methode ist immer die gleiche, für ein Kind von acht Monaten ebenso wie für eines von vier Jahren:

Unangemessene Verhaltensweisen werden immer ignoriert.

ZUSAMMENFASSUNG

Schlafgewohnheit erlernen

Wie entsteht eine Gewohnheit?

- Indem man zwischen einigen äußeren Elementen und der Gewohnheit eine Verbindung herstellt und sie permanent wiederholt (beim Füttern benutzt man immer die gleichen Elemente: Stühlchen, Lätzchen, Schüssel und Löffel).
- Indem man eine sichere und zuversichtliche Haltung einnimmt.

Wie verständigt sich ein Kind?

Indem es Handlungen ausführt, die eine Reaktion der Eltern hervorrufen sollen. Die Handlungen, die es ausführen kann, sind:

- 6 – 18 Monate (wenn es zu sprechen beginnt):
  - Lächeln, Bubu sagen, Händchen klatschen.
  - Weinen, schreien, erbrechen, sich selbst schlagen.

- 18 Monate – 5 Jahre:
  - Es benutzt die Sprache als Teil des Handlungsrepertoires: Es spricht Worte aus, deren Bedeutung es manchmal gar nicht kennt, aber von denen es weiß, dass sie eine Reaktion der Erwachsenen hervorrufen (z. B. »Mama, Bauch, Aua-aua«).

Die Handlungen und unangemessenen Verhaltensweisen der Kinder müssen von den Eltern ignoriert werden, um sie nicht noch zu fördern. Stattdessen muss man ihnen das richtige Verhalten zeigen.

3

Wie man Kindern gesunde Schlafgewohnheiten beibringt

Nun ist der Moment gekommen, konkret zu werden. Aber vorher möchte ich Sie noch einmal darauf hinweisen, dass das Alter Ihres Kindes keine Rolle spielt. Es ist egal, ob es neun Monate alt ist oder viereinhalb Jahre. Wenn Sie mit der Estivill-Methode beginnen, tun Sie so, als wäre Ihr Kind gerade erst geboren worden. Und vergessen Sie alles, was Sie bis jetzt unternommen haben, Ihr Kind zum Schlafen zu bringen.

Das »Lehrmaterial« vorbereiten

Als Erstes müssen die äußeren Elemente ausgewählt werden, die das Kind während der ganzen Zeit begleiten, die es in seiner Wiege oder seinem Bett verbringt. Wie im Fall von Löffel und Schüssel wird das Kind bald diese äußeren Elemente mit Schlaf assoziieren und sie als unerlässlich empfinden, um einzuschlafen. Es wird sie auch jedes Mal brauchen, wenn es mitten in der Nacht aufwacht (wir tun dies alle mehrmals, ohne uns am nächsten Morgen daran zu erinnern). Deshalb ist es so wichtig, dass Sie keines der »äußeren Elemente« sind, die mit dem Schlaf assoziiert werden. Das heißt, Sie müssen aus dem Zimmer verschwinden, bevor das Kind eingeschlafen ist. Sie können ihm nicht helfen einzuschlafen, indem sie es wiegen, es streicheln oder liebkosen. Wenn Sie das tun, wird Ihr Kind Ihre Anwesenheit bei jedem einzelnen Erwachen einfordern und Sie können schon einmal daran denken, sich einen schönen Sessel zu kaufen, um vor der Tür Wache zu halten. Deshalb ist von folgenden Dingen absolut abzuraten:

- dem Kind vorsingen,
- es in die Arme nehmen und wiegen,
- es in der Wiege schaukeln (wenn es mitten in der Nacht aufwacht, wird es das Schaukeln vermissen und braucht jemanden, der wieder für das Hin- und Herwiegen sorgt),
- ihm die Hand geben,
- es im Kinderwagen spazieren fahren,
- es im Auto herumfahren,
- es berühren oder zulassen, dass es uns am Haar berührt,
- ihm einen Klaps geben oder es streicheln,
- ihm einen Schnuller geben oder es stillen, damit es Ruhe gibt,
- es in unser Bett legen,
- es herumlaufen lassen, bis es vor Müdigkeit umfällt,
- ihm Wasser geben.

Äussere Elemente

- Bild
- Mobile
- Stofftier
- Schnuller (wenn es mag bzw. Sie wollen)

Das Kind sollte in einem Babyschlafsack in seinem Bett oder seiner Wiege liegen.

Stattdessen sollten Sie äußere Elemente aussuchen, die es die ganze Nacht »begleiten«, damit Ihr Kind sie nicht vermissen kann, wenn es plötzlich aufwacht. Sie sind für die Auswahl dieser Elemente verantwortlich, das Kind kann sie Ihnen nicht sagen.

a) Suchen Sie ein Stofftier aus, das immer mit ihm schläft. Es kann ein schon vorhandenes sein, aber auch ein neues. Und geben Sie dem Stofftier einen Namen, wenn es nicht schon einen hat.

b) Wenn Ihr Kind einen Schnuller benutzt, sollten Sie einige davon auf der Matratze verteilen, damit es leicht einen findet, wenn es mitten in der Nacht aufwacht.

c) Überlegen Sie sich noch einige äußere Elemente, die das Kind sehen kann, wenn es die Augen öffnet. Sie können einen Mond malen, ausschneiden und an die Wand hängen oder ein Mobile aufhängen. Diese Dinge werden das Kind jede Nacht begleiten, natürlich in vernünftigem Abstand, sodass es sie weder berühren noch abreißen kann.

d) Ab dem 7. Monat bewegt sich das Kind im Bett und schüttelt leicht die Decke ab. Um nicht ständig aufpassen zu müssen, empfiehlt es sich, es in einen Babyschlafsack zu legen.

Es geht los

Es ist erwiesen, dass das Gehirn des Kindes einfacher auf Schlaf zu programmieren ist, wenn man ihm beibringt, im Winter zwischen 19:30 und 20:30 Uhr und im Sommer etwas später einzuschlafen. Wir sollten uns unbedingt an dieser Zeitspanne orientieren und, nachdem das ganze Procedere eingespielt ist, uns möglichst immer daran halten.

Dementsprechend ist die beste Zeit für das Abendessen etwa 19 Uhr (erinnern Sie sich daran, dass das

Essen uns dabei hilft, die innere »Uhr« in Gang zu setzen). Wenn Sie das Kind nicht schon morgens gebadet haben, ist es besser, dies kurz vor dem Abendessen zu tun.

Eines ist auf jeden Fall wichtig: Wenn das Kind mit dem Essen fertig ist, müssen alle äußeren Elemente fortgenommen werden, die mit dem Essensritual assoziiert werden, einschließlich Milchglas, Säfte, etc. So wird das Kind lernen, dass es bestimmte Essenszeiten gibt und es keinen Sinn hat, auf Ausreden wie »ich habe Hunger« und »ich habe Durst« zurückzugreifen, wenn es sich später im Bett allein und unsicher in seinem Zimmer fühlt. Jedes Ding hat seine Zeit.

Die innere Einstellung der »Lehrer«

Nehmen Sie eine starke und sichere Haltung ein. Wie wir schon bei den Essgewohnheiten gesehen haben, muss ein Kind erkennen, dass seine Eltern wissen, was sie tun, und sehen, dass sie sich sicher fühlen. Wenn Sie dieses Buch gelesen und sich dafür entschieden haben, die darin geschilderte Methode anzuwenden, dann dürfen Sie keine Zweifel mehr hegen. Sie sollten sich einzig und allein darauf konzentrieren, die Methode anzuwenden, egal was das Kind, das einen großen Erfindungsreichtum an den Tag legen wird, macht. Nur wenn Sie innerlich überzeugt sind und dies auch ausstrahlen, wird die Methode erfolgreich sein.

TÄGLICHER RHYTHMUS, EMPFOHLEN AB DEM 6. LEBENSMONAT

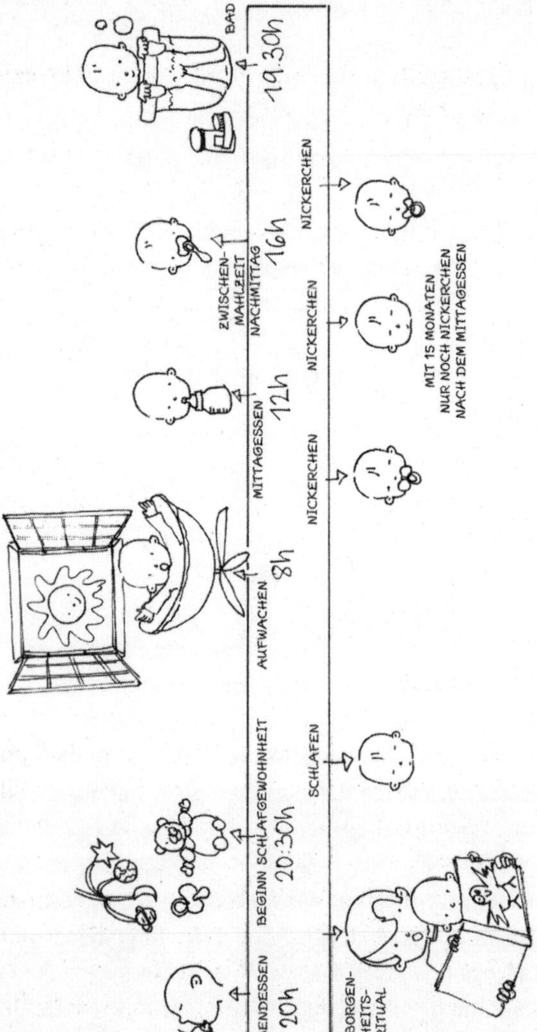

- Die Eltern sind diejenigen, die die Rolle des Lehrers einnehmen.
- Die Kinder sind diejenigen, die von ihnen lernen.
- Die Eltern müssen sich SEHR SICHER fühlen, um Erfolg zu haben.
- Die Eltern verändern keine der Regeln.
- Wenn das Kind ein einziges Mal gewinnt, wird die Methode scheitern.

Schritt für Schritt

Vor dem Zubettgehen:

① *Das Geborgenheitsritual.* Nach dem Bad und dem Abendessen verwenden die Eltern zwischen fünf und zehn Minuten darauf, mit dem Kind zusammen etwas Angenehmes und Entspannendes zu tun. (Achtung, es sind immer die Eltern, die bestimmen, wie lange dieses Ritual dauert.) Diesen Moment, in dem Sie eine Geschichte erzählen, ein Schlaflied singen oder etwas Ruhiges spielen können, werden wir Geborgenheitsritual nennen. In dieser Zeit können Sie ihr Kind küssen, liebkosen, gemeinsam lachen, wie es Ihnen gefällt. Nur eines tun Sie bitte nicht: fernsehen, Computerspiele oder sonst etwas, was das Kind zu sehr aufregt. Es empfiehlt sich, das Geborgenheitsritual im Wohnzimmer oder einem anderen Zimmer, aber nicht im Kinderschlafzimmer auszuführen. Auf diese Weise betonen wir, dass in diesem Zimmer geschlafen wird und sonst nichts.

In diesen Minuten zeigen die Eltern dem Kind, wie sehr sie es lieben und dass sie auf das Kind nicht böse sind. Es ist wichtig, dass es sich daran erinnert, wenn der schlimme Augenblick da ist, schlafen zu gehen.

② *Im Zimmer.* Ist das Geborgenheitsritual vorbei, bringen Sie Ihr Kind in seinen Schlafraum und ziehen ihm seinen Schlafsack an, um nicht die ganze Nacht darauf achten zu müssen, ob es zugedeckt ist. Dort warten nun die »Zutaten«, die wir vorbereitet haben: der Teddy, das Mobile, der Mond und eventuell die Schnuller.

Geborgenheitsritual

- Wenn das Abendessen vorbei ist, verbringen die Eltern zehn Minuten mit dem Kind.
- Das ist der Moment, in dem die Eltern dem Kind deutlich ihre Zuneigung zeigen.

Und was werden Sie jetzt tun? Ich frage bewusst, was »Sie« tun, nicht was das Kind »tut«, denn das Kind wird alles Mögliche tun, aber das Falsche. Deshalb dürfen Sie es nicht beachten, sondern müssen sich darauf konzentrieren, folgenden Ablauf zu wiederholen:

- Sie legen das Kind in seine Wiege oder sein Bettchen, und wenn es aufsteht, schreit oder protestiert, verlieren Sie nicht die Nerven. In diesem Stadium müssen Sie bereits sehr von Ihrer Handlungsweise überzeugt sein und Sie werden es Ihrem Kind beweisen. Angesichts Ihrer neuen Haltung wird das Kind sich verunsichert fühlen. Dann geben Sie ihm ruhig die Hand, aber nur für einen kurzen Augenblick, dann entfernen Sie sich sofort einen Meter von ihm und sagen folgenden Satz mit lauter Stimme in einem fröhlichen und angenehmen, aber entschiedenen Tonfall:

  Mein Schatz, Papa und Mama werden dir beibringen, allein zu schlafen. Von heute an wirst du hier schlafen, in deiner Wiege, mit dem Bild des Mondes, dem Mobile und dem Teddy.

Diese Rede soll ungefähr 30 Sekunden dauern, sodass Sie diese Litanei zwei- oder dreimal wiederholen wie Automaten, bis die halbe Minute vorüber ist. Die Bedeutung dieses Satzes beruht auf der festen Stimme dessen, der ihn ausspricht (Vater, Mutter, Großeltern, Freunde oder Babysitter). Wieder einmal ist der Schlüssel des Ganzen die Haltung des Handelnden, dass seine Stimme sicher und gelassen klingt.

Was sollen wir als Eltern tun?

- Wir sprechen mit freundlicher und ruhiger Stimme, wobei wir SICHERHEIT vermitteln.
- 30 Sekunden lang erklären wir dem Kind, dass es allein schlafen wird.
- Es ist ein MONOLOG, kein Dialog; wir reagieren weder auf eine Frage noch auf Handlungen.

Was macht das Kind?

- Das Kind handelt falsch, weil es noch keine richtige Schlafgewohnheit entwickelt hat.
- Es führt intelligente Aktionen aus, die die Eltern verunsichern.

Während wir vom Teddy reden, wird das Kind ahnen, was auf es zukommt, und sich sehr wahrscheinlich fürchterlich aufführen. Aber deshalb wird der Erwachsene den Tonfall nicht ändern oder schweigen. Und noch weniger mit ihm einen Dialog führen. Es geht darum, einen Monolog zu halten, niemals einen Dialog. Sie müssen sich blind und taub stellen.

An diesem Punkt angelangt leiden die Eltern am meisten. Vergegenwärtigen Sie sich noch einmal, dass Kinder enorm intelligent sind und Proteste und Aktionen erfinden können, die Ihr Herz in Bedrängnis bringen werden. Und vergessen Sie nicht, dass alles, was das Kind tut, falsch ist – eine unangemessene Verhaltensweise –, denn das Kind, das nichts anderes will, als sich nicht allein zu fühlen, ist zu klein, um zu wissen, wie wichtig es ist, allein schlafen zu lernen. Das Baby kann diesen Schnellkurs nicht lesen, es kann nicht das Richtige tun. Sie müssen dies allein zu Ende führen. Also fassen Sie sich ein Herz, machen das Licht aus und gehen aus dem Zimmer!

Wenn das Licht aus ist

Nach Ihrer Rede werden Sie aus dem Zimmer gehen. Von diesem Moment an müssen Sie die Nerven behalten, denn die ersten zwei Nächte werden hart sein. Was am meisten hilft, sie zu überstehen, ist der Gedanke, dass sich das Kind oft schon in der dritten Nacht in ein liebliches Murmeltier verwandelt hat.

Bis der »Zauber« wirkt, müssen Sie Folgendes tun: Wenn das Kind weiterhin weint und sich nicht beruhigt, gehen Sie nach genau einer Minute in sein Zimmer und beruhigen es.

Sie können nicht einfach abwarten, dass das Kind von allein aufhört zu weinen; ein Kind kann eine Gewohnheit nicht ohne Hilfe erlernen. Als Sie Ski fahren oder Schwimmen gelernt haben, hat auch immer jemand auf Sie aufgepasst, oder? Hier ist es genauso, nur das »Aufpassen« besteht nicht darin, dass Sie an seiner Seite bleiben.

Wenn Sie das tun, werden Sie für das Kind zu »äußeren Elementen«, die mit dem Schlaf assoziiert sind. Was in diesen Fällen zu tun ist: einige kurze Besuche im Kinderzimmer, um das Kind zu beruhigen (siehe Tabelle, S. 64). Und sonst nichts.

- Wir kommen nicht ins Kinderzimmer, damit das Kind ruhig wird oder einschläft.
- Wir gehen hinein, um ihm zu zeigen, dass wir es nicht verlassen und ihm schlafen beibringen.
- Wichtig: Wir tun nichts, was nicht erlaubt ist!

Während dieser kurzen Besuche tun Sie nichts, außer den Satz zu wiederholen, den wir vorher zitiert haben, wobei Sie dem Kind leicht die Hand auflegen (aber es nicht küssen, wiegen oder Händchen halten) dürfen. Beim ersten Mal haben Sie den Satz 30 Sekunden lang gesprochen, ab dem ersten Kurzbesuch sollten es nicht mehr als zehn Sekunden sein. Er wird aber in dem gleichen heiteren und gelassenen Tonfall wie beim ersten Mal gesprochen.

Es geht darum, dass das Kind Sicherheit gewinnt in seiner Gewohnheit und selbstständig einschläft, wobei man mit allen Mitteln vermeiden muss, dass es sich getadelt, bestraft oder verlassen fühlt. Deshalb erinnern Sie sich: *Wenn Sie in das Zimmer gehen, tun Sie das nicht, um das Kind zur Ruhe zu bringen oder gar zum Einschlafen; es hat einzig den Zweck, dem Kind zu zeigen, dass es nicht verlassen wird, dass Sie immer an seiner Seite stehen und ihm Wärme schenken.*

Wie oft müssen diese Kurzbesuche wiederholt werden?

Die Besuche werden so oft wiederholt, wie es notwendig ist. Wenn das Kind weiterhin weint oder schreit, was es sicherlich tun wird, gehen Sie nach drei Minuten erneut ins Zimmer. Und wenn sich die Lage nicht bessert, warten Sie weitere fünf Minuten, bevor Sie noch einmal hineingehen. Während des Besuchs tun Sie immer das Gleiche: Sie wiederholen Ihren Satz und gehen dann wieder. Sie lassen sich weder auf einen Dialog mit dem Kind ein noch werden Sie seinen Protesten Aufmerksamkeit schenken, denn Sie wissen ja, Ihrem Kind dienen die Aktionen nur dazu, Reaktionen hervorzurufen. In Wirklichkeit fehlt ihm nichts. Deshalb werden Sie in keinem Moment erschrecken oder nachgeben, nicht einmal, wenn Sie sehen, dass das Kind erbricht oder sich selbst schlägt.

Es klingt natürlich hart, aber wenn Sie durchhalten, ohne eine einzige Ausnahme zu machen, wird Ihr Kind innerhalb weniger Tage in einem Zug durchschlafen. Und Sie auch. Und sogar Ihre Nachbarn. Während dieser Zeit machen Sie sich bitte um sie keine Gedanken – Sie müssen ja eine ruhige Haltung bewahren. Sollte sich ein Nachbar beschweren, können Sie behaupten, Ihr Kind habe eine sehr schmerzhafte Ohrenentzündung, aber der Kinderarzt habe versichert, dass es innerhalb einer Woche besser werde (eine fromme Lüge, die man anwenden kann).

So lange wird es dauern, wenn Sie die Ruhe auch im Morgengrauen nicht verlieren und wenn Sie immer Ihren Satz aufsagen, mit größter Sanftmut, heiter, aber konsequent, egal zu welcher Nachtzeit. Sie werden sehen, es ist gar nicht so schwierig. Wenn Sie von dem überzeugt sind, was Sie tun, vermitteln Sie weder Angst noch Zweifel, und bald wird das Kind begreifen, dass Sie es nicht »im Stich lassen«, dass Sie liebevoll sind, aber wissen, was Sie tun, und dass nichts und niemand Sie davon abbringen kann.

Die Tabelle auf der nächsten Seite zeigt detailliert die Intervalle, die Sie zwischen den Besuchen abwarten sollten. Sie sind nur als Orientierungshilfe zu verstehen. Sie können sie abwandeln, wobei es immer ratsam ist, eher eine Verlängerung der Intervalle anzustreben, aber natürlich können Sie sie auch verkürzen. Wichtig ist nicht die Zeit, die Sie abwarten, bis Sie ins Zimmer gehen, um Ihrem Kind das Schlafen beizubringen, sondern das, was Sie tun, wenn Sie bei ihm sind. Und denken Sie daran, Sie können ihm Sicherheit vermitteln, indem Sie immer wieder den Satz wiederholen: »Papa und Mama lieben dich sehr und deshalb bringen wir dir schlafen bei. Wir verstehen, dass du zornig bist, weil du es noch nicht richtig kannst, aber bald wirst du es lernen.«

Tage	*1. Intervall*	*2. Intervall*	*3. und folgende Intervalle*
1	1 Minute	3 Minuten	5 Minuten
2	2 Minuten	5 Minuten	8 Minuten
3	3 Minuten	7 Minuten	11 Minuten
4	4 Minuten	9 Minuten	14 Minuten
5	5 Minuten	11 Minuten	17 Minuten
Folgende Tage	6 Minuten	13 Minuten	20 Minuten
Genauso fortfahren, bis das Kind selbstständig einschläft	7 Minuten	15 Minuten	23 Minuten

Und schließlich wird das Kind endlich eingeschlafen sein. Doch, doch. Früher oder später, nach so viel Geschrei und gescheiterten Rebellionsversuchen, wird es Schlaf finden. Es hat verstanden, dass es nichts tun muss, damit seine Eltern es nicht verlassen – weil Sie immer wiederkommen, um nach ihm zu sehen, aber auf keine seiner Forderungen eingehen.

Doch bis es gelernt hat, allein zu schlafen, ist es völlig normal, dass es nach wie vor mitten in der Nacht aufwacht und nach Ihrer Anwesenheit durch Weinen verlangt. Und wenn Ihr Kind bis zu diesem Zeitpunkt daran gewöhnt war, nur in Ihrer Anwesenheit einzuschlafen, ist es sehr wahrscheinlich, dass es Sie vermissen wird. Bis jetzt waren Sie ein äußeres Element beim Schlafen, von nun an wird es der Teddy sein. Wenn es also mitten in der Nacht aufwacht, wiederholen Sie wieder Ihre Besuche mit den Intervallen und rezitieren das Ihnen schon wohl bekannte Sprüchlein, immer mit der gleichen Sanftmut und Heiterkeit, auch wenn die Uhr vier Uhr morgens anzeigt. In keinem Moment verlieren Sie die Kontrolle. Ich betone es noch einmal: Sie werden weder ärgerlich noch gehen Sie auf die Handlungen des Kindes ein. Sie wiederholen einfach den beruhigenden Satz, sei es um zehn Uhr abends oder um fünf Uhr morgens.

- Das Kind hat weder eine Uhr noch weiß es, wie spät es ist.
- Jedes Mal, wenn es aufwacht, wenden wir die Zeittabelle und die Methode an.
- Beim Nickerchen am Tag verhalten wir uns ganz genauso.

Zusammenfassung

Wie bringt man einem Kind einen regelmäßigen Schlafrhythmus bei?

Wenn man einem Kind das Schlafen beibringt, gibt es zwischen einem Baby und einem Vierjährigen keinen Unterschied. In allen Fällen muss man:

① *Die äußeren Elemente vorbereiten.* Sie wählen selbst die Elemente aus, die das Kind die ganze Nacht über »begleiten«:

- Ein Stofftier (Teddy).
- Mehrere Schnuller (wenn es sie mag).
- Ein Bild mit einem Mond, ein herabhängendes Mobile, die nahe bei ihm sind, aber die es nicht berühren kann.

② *Zeitpläne festlegen.*

③ *Die richtige Einstellung.* Sie nehmen eine feste und sichere Haltung ein.

Schritt für Schritt

a) Das Geborgenheitsritual. Nach dem Bad und dem Abendessen nehmen Sie sich fünf bis zehn Minuten Zeit für eine angenehme Beschäftigung mit dem Kind.

b) Wenn Sie dann im Zimmer sind, legen Sie Ihr Kind sanft und heiter hin und in der gleichen Weise wiederholen Sie den Satz: »Mein Schatz, Papa und Mama werden dir beibringen allein zu schlafen. Von heute an wirst du hier schlafen, in deiner Wiege, mit dem Bild des Mondes, dem Mobile und dem Teddy.«

c) Falls es notwendig ist – wenn das Kind bitterlich weint –, machen Sie Kurzbesuche, nicht um es zum Schlafen zu bringen, sondern um es zu beruhigen; zwischen jedem Besuch halten Sie feste Intervalle ein.

4

Fragen und Probleme

Mein Mann und ich arbeiten täglich viele Stunden. Abends sind wir beide erschöpft und deshalb nicht sicher, ob wir ruhig bleiben können, wenn wir unter diesen Bedingungen mit der Estivill-Methode beginnen. Wäre es nicht besser, wenn wir warten würden, bis die Ferienzeit kommt, um damit anzufangen? Wann ist der geeignete Zeitpunkt?

Sie kennen die Parole: »Verschiebe nicht auf morgen, was du heute (Nacht) noch kannst besorgen.« Ihr Kind muss so früh wie möglich gut schlafen, und Sie brauchen dies genauso wie das Kind. Daher ist es immer besser, die Behandlung nicht hinauszuschieben. Voraussetzung ist allerdings:

① Dass Sie absolut von dem überzeugt sind, was Sie tun: nämlich Ihrem Kind das Schlafen beizubringen, und zwar mit einer einfachen wissenschaftlichen Methode, die in mehr als 96 Prozent der Fälle funktioniert hat. Dies wird bewirken, dass Sie die Kontrolle nicht verlieren. Sie müssen immer gewiss sein, dass Sie Ihrem Kind das Schlafen deshalb beibringen, damit es nicht unter den Folgen der Schlaflosigkeit zu leiden hat. Es würde Ihnen ja auch niemals einfallen zu sagen, Sie seien zu erschöpft, um Ihrem Kind zu essen zu geben. Richtig zu schlafen ist genauso wichtig wie richtig zu essen.

② Dass Sie vollkommen verstanden haben, worin die Behandlungsmethode besteht und was der Grund für jede einzelne Handlung ist, die Sie ausführen (von: warum Sie Ihrem Kind ein Stofftier geben müssen bis: warum Sie einige Minuten warten sollten, bevor Sie in sein Zimmer gehen).

③ Dass die Situation geeignet ist. Das heißt, es gibt weder eine Veränderung in der Alltagsroutine noch im normalen Rhythmus der Familie. Die Ferien sind eben kein guter Zeitpunkt, um mit der Behandlung zu beginnen, wie es auch ein Umzug nicht ist, Wochenendausflüge oder Besuche von Fremden. All diese Umstände könnten sich in irgendeiner Weise negativ auswirken. Bevor Sie anfangen, sollten Sie sich daher versichern, dass es mindestens während der nächsten zehn Tage keine Pläne gibt, die das Familienleben durcheinander bringen könnten.

Genauso wichtig ist es, dass es dem Kind gut geht und es keine Krankheit hat (Ohrenentzündung, Grippe, Fieber, Allergien, Milchunverträglichkeit, etc.).

Wenn das Kind mitten in der Behandlung erkrankt, müssen Sie jedes Mal, wenn es weint, sofort hingehen, um es zu trösten. Während dieser Kurzbesuche tun Sie alles, was Ihnen der Kinderarzt geraten hat: zum Beispiel

Fieber messen, Medizin verabreichen, und wenn es einen trockenen Mund hat, geben Sie ihm ein bisschen Wasser (nicht damit es Ruhe gibt und schläft, sondern um Austrocknung zu vermeiden). In diesem Sinn müssen Sie liebevoll und sanft sein, aber nicht nachgiebig. Wenn Sie die Routine während seiner Krankheit umschmeißen, wird es danach noch schwerer, wieder streng zu sein.

Ein Umstand, der auch noch außergewöhnlich erscheinen könnte, ist das Zahnen. Es ist jedoch nicht erwiesen, dass die Zähne beim Durchbrechen wehtun. Und wenn das Kind in der Nacht weint, wenn sie wachsen, würde es dies wahrscheinlich auch tun, ohne dass die Zähne kommen. Daher können Sie ruhig mit der Behandlung anfangen.

?

Meine Frau und ich lesen normalerweise im Bett und wir lassen die Nachttischlampe brennen, wenn wir einschlafen. Unser vier Jahre alter Sohn sagt, dass er Angst vor der Dunkelheit hat, und er protestiert, wenn wir sein Lämpchen ausschalten, wir würden unsere ja auch anlassen. Sollen wir ihm eines von diesen Nachtlichtern kaufen, die für eine schwache Beleuchtung der Räume sorgen?

Von Ausnahmefällen einmal abgesehen (es gibt Ängste pathologischer Art), haben Kinder mit Schlafproblemen keine Angst vor der Dunkelheit, sondern davor, sich mit einer Gewohnheit – dem Schlafen – auseinander zu setzen, die sie nicht kontrollieren können und die bei ihnen eine große Unsicherheit auslöst. Was aber durchaus der Fall ist: in der Dunkelheit erscheint ihnen alles viel Furcht erregender; ihre Fantasie kann leichter mit ihnen durchgehen und größere und schauerlichere Monster als am Tag erfinden. Daher brauchen Sie sich keine Sorgen zu machen, wenn das Kind tagsüber nicht besonders ängstlich wirkt und nur nachts über Ängste klagt.

Andererseits erweist sich die Angst als einer der effektivsten Vorwände, die Aufmerksamkeit der Eltern auf sich zu ziehen. Wird dieses Wort nur ausgesprochen, eilen sie herbei, um zu sehen, was mit ihrem Kleinen los ist. Das ist nur zu verständlich. Wenige Dinge erschüttern einen Erwachsenen mehr, als ein Kind leiden zu sehen. Daher unterscheidet sich ein »Ich habe Angst« nicht so sehr von »Ich muss Pipi«. Es handelt sich um eine weitere Aktion, um eine Reaktion bei Ihnen hervorzurufen. Sie sollten dem keine größere Aufmerksamkeit schenken. Es ist ein unangemessenes Verhalten, das ignoriert werden muss.

Allerdings darf das Licht niemals ein äußeres Element sein, das mit dem Schlaf assoziiert wird. Lassen Sie es nicht an, während das Kind einschläft; wenn Sie es erst ausmachen, wenn Ihr Kind schläft, dann wird es das Licht nämlich vermissen, wenn es mitten in der Nacht aufwacht, und wieder Probleme mit dem Einschlafen bekommen. Außen vor bleiben sollten auch Nachtlichter und andere Geräte, wie Figuren in Form z. B. einer Raupe, deren Kopf die ganze Nacht glüht, als hätte sie einen Sonnenbrand erlitten.

Warum nehmen Sie sich nicht vor, Ihre eigenen Schlafgewohnheiten zu verbessern? Löschen auch Sie das Licht vor dem Einschlafen, es wäre ein gutes Beispiel für Ihre Kind.

Unser Sohn ist elf Monate alt und hat eine unglaubliche Neigung dazu, bei dem geringsten Verdruss zu erbrechen. Was tun wir, wenn das Kind spuckt, während wir ihm schlafen beibringen? Müssen wir die Methode abbrechen und am nächsten Tag weitermachen?

Wie ich bereits erklärt habe, gehört Erbrechen zu den Aktionen, die ein Baby ausführen kann, um sich mit den Erwachsenen zu verständigen. Das Kind kann dies sehr leicht hervorrufen und es zieht keine größeren Folgen nach sich. Deshalb sollten Sie solche Rufe nach Aufmerksamkeit ignorieren. Sein Erbrechen darf Sie nicht erschrecken. Beschränken Sie sich darauf, das Kind zu reinigen, ohne sich aufzuregen oder es zu bestrafen – egal, welche Morgenstunde es geschlagen hat –, und wiederholen Sie den Satz, den Sie schon kennen: »Siehst du, mein Schatz? Jetzt bist du sehr zornig und deshalb hast du erbrochen, aber alles ist gut. Deine Eltern lieben dich sehr und jetzt, wo du sauber bist, werden sie dir schlafen beibringen. Du wirst hier bleiben mit deinem Teddy, dem Bild und dem Mobile.« Auf diese Weise wird das Baby lernen, dass seine Handlung zu nichts führt und wird es sofort lassen.

Bei uns zu Hause befolgen wir ihre Methode streng und wir haben es in nur fünf Tagen geschafft, dass unser Kind gut schläft. Jetzt nähern sich die Ferien und wir haben Angst, dass alles wieder von vorne losgeht. Müssen wir irgendwelche Maßnahmen ergreifen, während wir außer Haus sind?

Es ist sicher nicht notwendig, das gesamte Zimmer Ihres Kindes mitzuschleppen. Aber vergessen Sie nicht den Teddy und die Schnuller (wenn notwendig). Sollte Ihr Kind schon ein wenig größer sein und eine mehr oder weniger einfache Konversation verstehen, erklären Sie ihm, dass es ausnahmsweise während der Tage, die Sie von zu Hause weg sind, ein anderes Bett hat, und betonen Sie, dass es ganz normal ist, dennoch, wie zu Hause, in seinem Zimmer zu schlafen.

Vor vier Monaten haben wir ein dreijähriges Mädchen aus Nepal adoptiert, und obwohl es sich fast vollständig an das westliche Leben gewöhnt hat und sich am Tag wie ein normales Mädchen benimmt, kann es nachts nicht richtig schlafen, kommt immer in unser Bett und will Streicheleinheiten. Wir möchten Ihre Methode anwenden, aber wir haben Angst, dass es sich wieder verlassen fühlen könnte, wenn wir es allein in seinem Zimmer lassen. Auf der anderen Seite sind seine Sprachkenntnisse noch nicht sehr gut und wir fürchten, dass es uns überhaupt nicht versteht, wenn wir ihm erklären, dass es allein mit seinem Stofftier schlafen wird.

Im Fall eines adoptierten Kindes, das lange Zeit allein war und erhebliche gefühlsmäßige Defizite erlitten hat, muss man abwägen, was wichtiger ist: ihm schlafen beizubringen oder noch einige Wochen zu warten, bis sich das Gefühlsband zwischen Eltern und Kind verstärkt hat. Dies ist etwas, was nur Sie selbst einschätzen können, denn Sie kennen Ihr Kind am besten. Es gibt auch noch die Möglichkeit, den Kinderarzt zu konsultieren, mag sein, dass er Ihnen einen Rat geben kann.

Wenn Sie sich allerdings entscheiden, ihm die Schlafgewohnheit vom ersten Moment der Adoption an beizubringen, sollten Sie etwas weniger streng sein und es am Anfang wie »unabsichtlich« machen. Sehr wahrscheinlich werden Sie, nachdem das Mädchen einen Monat bei Ihnen verbracht hat und weiß, wer seine neue

Familie ist, die Methode schon in vollständiger Form anwenden können.

Was Sie nicht zu beunruhigen braucht, sind sprachliche Fragen. Wie schon erwähnt, erfassen kleine Kinder den Ton und die Absicht, nicht die Bedeutung der Worte.

Wenn Sie den Gute-Nacht-Satz in einem liebevollen und heiteren Ton sprechen, wird Ihre Tochter Sie genauso gut verstehen wie ein im Westen geborenes Kind.

Wenn mein Mann und ich am Wochenende wegfahren, lassen wir normalerweise unsere Tochter in der Obhut meiner Schwiegereltern. Sie sind allerdings sehr nachgiebig mit ihr, sind außerdem schon etwas älter, und ich habe Angst, dass sie die Methode nicht anwenden, weil sie sie für »zu modern« halten. Wie kann ich ihnen verständlich machen, wie wichtig es ist, dass sie alle Regeln berücksichtigen, auch wenn es darum geht, das Mädchen zum Mittagsschlaf hinzulegen?

Die Eltern erziehen ihre Kinder, während die Großeltern ihre Enkel verwöhnen. Dieses liebevolle Hätscheln – sonst immer zu empfehlen – kann die ganze Behandlung natürlich infrage stellen. Deshalb sollten Sie das Kind während der ersten Nächte nicht bei Ihren Eltern oder Schwiegereltern schlafen lassen. Warten Sie mindestens zehn Tage ab, damit Ihr Kind besser daran gewöhnt ist, richtig zu schlafen.

Ist die Anfangsphase erst einmal überstanden, können Sie das Kind auch den Großeltern überlassen, ohne sie mit einem Haufen Anweisungen zu überschütten, denn sie werden ohnehin tun, was sie wollen. Daher genügt es, ihnen oberflächlich die wichtigsten Prinzipien der Behandlungsmethode zu erklären: dass Sie ihnen verständlich machen, dass die Schlafenszeit unumstößlich ist und dass das Kind mit seinem Stofftier und seinen Schnullern (wenn notwendig) schlafen muss.

Regen Sie sich nicht auf, wenn sie inkonsequent sind, denn das Kind wird verstehen, dass der Aufenthalt bei seinen Großeltern eine ebensolche Ausnahme ist wie die Ferien und dass das Modell, dem es folgen muss und das Sicherheit gibt, dasjenige ist, das seine Eltern ihm zeigen.

Anders wäre es, wenn Ihr Kind aus irgendeinem Grund täglich bei seinen Großeltern schlafen müsste. In diesem Fall müssten sie die Methode streng anwenden, exakt genauso wie Sie. Dasselbe gilt natürlich auch für den Babysitter bzw. die Babysitterin.

Wir wollen möglichst bald beginnen, die Methode anzuwenden, aber momentan verbringt unser Kind acht Stunden in der Kinderkrippe und schläft dort mittags. Müssen wir die Kindergärtnerinnen informieren?

Die Kinderbetreuer sind exzellente Profis und behandeln alle Kinder gleich, außerdem arbeiten sie mit gut organisierten Abläufen und festen Zeitplänen. Daher fühlen sich die Kinder sicher und halten ruhige Mittagsschläfchen. In jedem Moment wissen sie, was ihre »Kindergartentanten« tun werden – jeden Tag das Gleiche zur gleichen Zeit, am gleichen Ort und mit den gleichen äußeren Elementen. Daher müssen Sie im Kindergarten nichts erklären, sondern sich allein auf das konzentrieren, was Sie zu Hause tun, damit das Kind die gleiche Sicherheit spürt und auch dort keine Probleme mit dem Schlafen hat.

Meine Frau und ich haben uns vor einem halben Jahr getrennt. Seither sehe ich meinen vierjährigen Sohn nur noch alle vierzehn Tage. Wenn er kommt, spielen wir im Bett und er schläft dann immer bei mir. Jetzt hat mir meine Frau mitgeteilt, dass ich das nicht zulassen soll, da sie mit der Anwendung Ihrer Methode begonnen hat. Ist es wirklich so schlimm für ihn, dass wir zusammen schlafen?

Ja, das ist es. So verständlich es ist, dass Sie so viel Zeit wie möglich mit Ihrem Sohn verbringen wollen, so wichtig ist es, dass Ihr Sohn gut schläft. Andererseits sollten sich getrennt lebende Eltern bei derartigen Dingen absprechen. Ihrem Sohn gegenüber müssen sie sich beide jedenfalls auf die gleiche Weise verhalten, um ihn nicht zu verwirren. Wenn Ihr Sohn das Wochenende mit Ihnen verbringt, müssen Sie ihm verständlich machen, dass ihr zusammen seid, euch den ganzen Tag vergnügt und spielt, aber die Nächte dazu da sind, mit dem Teddy zu schlafen (und, wenn notwendig, mit seinen Schnullern), und zwar in seinem Bettchen, genauso wie bei der Mama. In diesem Sinn müssen Sie genau das Gleiche tun, was sich während der Ferien empfiehlt.

Unsere zweijährige Tochter hat das Down-Syndrom. Ist es notwendig, dass wir irgendwelche speziellen Maßnahmen ergreifen oder den Kinderarzt konsultieren, bevor wir anfangen, die Estivill-Methode anzuwenden?

Kinder mit Down-Syndrom oder irgendeiner Art von geistiger Behinderung können auf die gleiche Weise schlafen lernen und die gleiche Behandlung erfahren wie jedes andere Kind. Wahrscheinlich wird es etwas schwieriger, sie zu unterrichten, weil sie eine geringere Konzentrationsfähigkeit besitzen, aber wir dürfen niemals ihre Fähigkeit, uns zu verstehen, unterschätzen.

Auf die gleiche Weise, wie Sie Ihrer Tochter beigebracht haben, allein zu essen, wie jedes andere Mädchen auch – nämlich mit Teller, Löffel und auf eine angemessene Art –, werden Sie ihr beibringen können, richtig zu schlafen.

Auch Kinder mit Behinderungen lernen nach dem Prinzip von Aktion und Reaktion, sodass Sie die Methode in aller Ruhe anwenden können. Der Schlüssel zum Erfolg liegt bei Ihnen und den Personen, die Ihre Tochter betreuen. Auf keinen Fall dürfen Sie sie überbehüten und mit ihr nachgiebiger sein, als Sie es mit einem anderen Kind wären. Der Charakter von Kindern mit Down-Syndrom ist sehr speziell, sie erweisen sich als besonders zärtlich, und es ist verständlich, dass Sie zu Ihrer Tochter ebenso zärtlich sein möchten. Aber denken Sie daran, dass man Zärtlichkeit und Wärme nicht mit Überbehüten und Nachgiebigkeit verwechseln darf. Es ist wichtig, dass Sie keine der Regeln übertreten, auch wenn Sie Ihre Tochter bitterlich weinen sehen. Alle Kinder reagieren so am Anfang der Behandlung. Danach wird alles gut gehen. Und Sie wissen ja: wenn Sie in ihr Zimmer gehen und dabei die Zeittabelle einhalten, dann wird Ihre Tochter sich absolut nicht verlassen fühlen. Wenn Sie es schaffen, sich ein Herz zu fassen, werden Sie auch erreichen, dass Ihre Tochter gut schläft und Sicherheit gewinnt.

Sicherheitshalber können Eltern von Kindern mit irgendeiner Art von Behinderung den Kinder-Psychologen befragen, ob er zu einer bestimmten unterstützenden Therapie rät.

Vor kurzem sind wir in eine Maisonettewohnung gezogen. In unserem neuen Heim befinden sich das Esszimmer im unteren und die Schlafzimmer im oberen Stockwerk. Vor einigen Wochen haben wir bemerkt, dass das Kind aus seiner Wiege geklettert ist, und jetzt haben wir Angst, dass es eines Tages die Treppen herunterfällt. Was müssen wir tun?

Die Sache wird in der Tat komplizierter, wenn das Kind größer ist und aus dem Bettchen klettern kann. Wenn es das tut, machen Sie bitte die Tür nicht zu, weil Sie es da-

durch verängstigen würden und es denken würde, dass es bestraft wird (denken Sie daran, dass wir mit allen Mitteln vermeiden müssen, »Strafe« mit »Bett« oder »schlafen« zu assoziieren). Stattdessen empfiehlt es sich, ein kleines Gitter an der Tür zu installieren, hoch genug, damit es nicht darüber klettern kann; man bekommt so etwas in jedem Fachgeschäft. Und keine Sorge, das Kind wird nicht denken, dass Sie es in einem Furcht erregenden Gefängnis eingesperrt haben. Es wird einfach glauben, dass seine Wiege »gewachsen« ist – die ja schon die Form eines Käfigs mit Stäben hat –, und wenn es weint oder protestiert, wird es, statt auf dem Kissen zu stehen, sich an diesem kleinen Zaun festhalten.

Auf jeden Fall muss Ihre Haltung immer gleich sein, ruhig und sicher. Und natürlich ist die Methode konsequent einzuhalten. Angesichts einer Situation wie dieser ist das Einzige, worauf Sie achten müssen, dass Ihr Kind nicht auf dem Boden einschläft. In diesem Fall tragen Sie es vorsichtig zurück in sein Bettchen. Wenn es auf dem Weg aufwacht, belehren Sie es wieder auf die bereits bekannte Art und Weise.

Mein Sohn ist viereinhalb Jahre alt, und obwohl er noch nie gut geschlafen hat, glauben wir, dass er es bald lernt. Lohnt es sich, dass wir mit der Methode beginnen?

Selbstverständlich. Wenn das Kind nicht bis zum Alter von fünf Jahren lernt, richtig zu schlafen, und niemand seine kindliche Insomnie behandelt, wird es schließlich unter »erlernter Insomnie« leiden. Diese Art von Störung ist an folgenden Eigenschaften zu erkennen:

- Die Kinder zeigen Angst vor dem Schlafen und der Dunkelheit.
- Sie versuchen das Einschlafen möglichst lange hinauszuzögern.
- Sie bringen Ausreden vor, um nicht allein zu schlafen.
- Sie weigern sich, bei anderen oder im Zeltlager zu schlafen.
- Sie fühlen sich unruhig, wenn sich die Schlafenszeit nähert.
- Ins Bett zu gehen ist für sie keine angenehme Tätigkeit.
- Sie schlafen weniger Stunden als notwendig.

Die Folgen der erlernten Insomnie treffen die ganze Familie, aber vor allem das Kind, das unter beträchtlichen physiologischen, psychischen und schulischen Störungen leiden kann. Auf der anderen Seite ist eine Umerziehung der Schlafgewohnheit ab dem Alter von fünf Jahren schwieriger, weil das Kind über mehr Mittel verfügt und das Gefühl des Scheiterns der ganzen Familie einer Atmosphäre von Heiterkeit und Sicherheit im Weg steht, die notwendig ist, um diese Störung zu behandeln. Außerdem verfügt ein älteres Kind über die ausgeklügeltsten Methoden der emotionalen Erpressung und kann die routiniertesten Eltern zum Nachgeben bringen.

Also zögern Sie nicht: Es lohnt sich, sofort anzufangen!

Unser Sohn hatte nie Probleme mit dem Schlafen und bald haben wir die Wiege gegen ein Bett ausgetauscht, aber seine kleine Schwester will nicht in ihrem Bett schlafen; jetzt ist sie drei Jahre alt und kommt immer noch zu uns. Wann sollte sie lernen, in ihrem eigenen Bett zu schlafen?

Die ersten Lebenswochen eines Babys sind wirklich Irrsinn für die ganze Familie und während dieser Zeit ist es völlig normal, dass das Kind im Zimmer der Eltern schläft, weil es so viel einfacher und schneller geht, ihm zu trinken zu geben und sich zu kümmern.

Ab dem 3. Lebensmonat könnte das Kind in seinem eigenen Zimmer schlafen, normal ist allerdings, dass es bis zum 6. Lebensmonat bei der Mutter bleibt, um das Trinken in der Nacht zu erleichtern. Der Wechsel von der Wiege zum Bett muss erfolgen, wenn Größe und Verhalten des Kindes es anzeigen: wenn es kaum noch hineinpasst, wenn es sich aufrichtet, bis es steht. Es empfiehlt sich, das Kind zu beglückwünschen, dass es »schon so groß ist« und »ein so schönes Bett hat«, in dem es »sehr gut schlafen« wird.

Aber der Wechsel muss in einem für das Kind ruhigen Moment stattfinden und verschoben werden, wenn irgendein besonderes Ereignis ansteht, wie die Ankunft eines neuen Geschwisterchens, der Beginn der Kinderkrippe oder ein Umzug.

Ich befürchte, dass es kein Mittel gegen die Schlafstörung meines Kindes gibt. Wir haben die Methode zu Hause schon drei Mal angewandt und es ist uns nicht gelungen, ihm das Schlafen beizubringen. Was ist bei uns los?

Sicher ist es in einigen Fällen schwieriger als in anderen, aber verlieren Sie nicht den Mut! Halten Sie sich die Situationen, in denen es Probleme gibt, vor Augen und seien Sie vor allem ganz ehrlich, wenn Sie sich auf die Suche nach dem Grund begeben, weshalb die Methode bislang nicht funktionierte.

① Sie müssen sich versichern, dass die Methode wirklich streng eingehalten wurde, ohne eine der vorgeschlagenen Regeln zu übertreten. Es kommt häufig vor, dass Eltern die Methode verändern, und das funktioniert fast nie.

② Wenn nur einer der Eltern die Methode kennt, ist der Misserfolg vorprogrammiert. Zu erreichen, dass beide gute Lehrer werden, ist die Motivation für diesen Schnellkurs gewesen. Die Unsicherheit dessen, der die Methode nicht kennt, kann auch zu Zweifeln bei demjenigen führen, der sie ausführt. Das Gleiche trifft für mögliche weitere Personen im Haushalt zu – Babysitter, Großeltern, Kindermädchen. Alle müssen die Methode und ihre Anwendung kennen.

③ Es könnte auch sein, dass Sie zwar die Methode verstehen, sie aber nicht richtig anwenden können. Schauen wir, wie eine solche Situation entstehen kann:

a) Weil das Kind Probleme hat.

- Es ist krank geworden und bekommt Medikamente (in diesem Fall müssen Sie abwarten, bis es wieder gesund ist).
- Es hat ein Problem mit der Reife oder der Entwicklung (dann müssen Sie sich vom Kinderarzt beraten lassen).
- Es hat ein jähzorniges Temperament (in diesem Fall ist es ratsam, einen Psychologen oder Psychiater zu befragen, um zu entscheiden, wie Sie sich verhalten sollen).

b) Weil die Eltern Probleme haben.

- Unsicherheit. Manchmal ist es nicht leicht zuzugeben, dass die Schuld nicht beim Kind liegt, sondern dass wir selbst aufgrund eines Beziehungs-, emotionalen oder soziokulturellen Problems nicht dazu fähig sind, sinnvolle Alltagsgewohnheiten auszuführen. Da kann es Mütter oder Väter mit einer so offenkundigen Unsicherheit geben, die sie besonders verwundbar macht. Unsichere Mütter oder Väter sind weniger flexibel, weniger zuverlässig und emotional beeinträchtigt. Da sie weniger flexibel sind, sind sie auch weniger belastbar, und dies erhöht die Schwierigkeit, die Methode anzuwenden.

- Emotionale oder psychopathologische Störungen bei den Müttern oder Vätern. Sie kommen oft vor und sind leicht zu erkennen, wenn wir ehrlich sind. Die häufigsten sind:

  - familiärer Stress,
  - Depression bei Mutter oder Vater,
  - krankhafte Entfremdung der Mutter oder des Vaters im Verhältnis zum Kind,
  - ambivalente Haltung von Mutter oder Vater (manchmal können sie sich kaum von dem Kind trennen, manchmal wünschten sie, sie hätten es nicht).

  Dadurch kann Folgendes hervorgerufen werden:

  - plötzliche Verhaltensänderungen,
  - Schuldgefühle,
  - Reizüberflutung des Kindes,
  - Perioden, in denen das Kind unbewusst ignoriert wird,
  - Schwierigkeiten, ein ausgeglichenes Verhalten beizubehalten,
  - Schwierigkeiten, angemessene Gewohnheiten zu schaffen.

- Es können auch weitere sekundäre emotionale Störungen vorkommen:

* Ernährungsprobleme (die Verbindung von schlechten Schlaf- und Essgewohnheiten ist häufig); die Gründe sind oft die gleichen: wenig Selbstvertrauen, eigene Unsicherheit;
* gesteigerte Unruhe (durch ein konkretes Problem bei den Eltern oder dem Rest der Familie);
* Partnerschaftsprobleme; es ist offensichtlich, dass jede von emotionaler Unruhe geprägte Situation Einfluss auf das Kind hat.

Alle diese Umstände können zu mangelndem Vertrauen in die Methode führen und werden ihre Ausführung sehr erschweren oder unmöglich machen.

Die Lösung angesichts dieser Probleme ist:

- dazu fähig sein einzugestehen, dass das Problem bei uns und nicht beim Kind liegt;
- wenn das Problem einmal eingestanden ist, versuchen, die Situation zu überwinden, indem wir die Methode erneut sorgfältig durchgehen, wobei wir mit dem Partner die theoretischen Aspekte diskutieren und zulassen, dass der im jeweiligen Moment geeignetere Ehepartner die Methode anwendet;
- wenn wir glauben, dass wir die Situation allein nicht bewältigen können, ist die Hilfe eines Psychologen oder Psychiaters notwendig.

Wenn unser Sohn einmal gelernt hat, richtig zu schlafen, ist es dann möglich, dass er noch einmal Probleme mit dem Schlafen bekommt?

Im Prinzip nein. Wenn jemand richtig essen gelernt hat, glaubt man auch nicht, dass er eines Tages plötzlich vergessen könnte, wie es geht. Bei der Schlafgewohnheit ist es das Gleiche. Jedoch können manchmal außergewöhnliche Umstände (wie das Erleiden eines psychischen Traumas oder ein Krankenhausaufenthalt) eine Rückkehr zu der alten Situation hervorrufen. Angesichts eines solchen Rückschritts würden wir die Behandlung erneut von Anfang an beginnen.

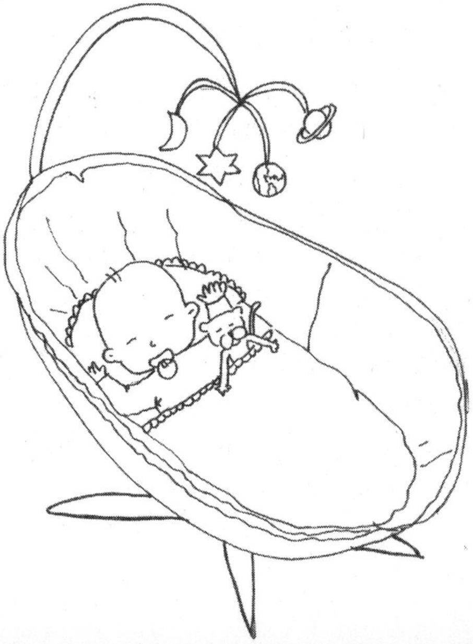

Aber Sie brauchen keine Angst davor zu haben, dass dies eintrifft, unter anderem deshalb, weil Ihr Kind nicht die einzige Person ist, die ihre Lektion gelernt hat, sondern Sie auch: Sie werden entdeckt haben, dass es möglich ist, einem Kind einen regelmäßigen Schlafrhythmus beizubringen. Nachdem Sie es einmal geschafft habt, werden Sie viel selbstsicherer sein. Sie werden nicht mehr so erschöpft sein. Und Sie haben damit begonnen, Vertrauen zu vermitteln – statt Unsicherheit –, und Sie wissen ja, dass diese Haltung entscheidend ist, um die Methode anzuwenden und die Störung Ihres Kindes zu beheben.